Marcus Schumacher

D1743414

Kirchliche Strukturen im Umbruch am Beispiel des Bistums Essen

Die Neustrukturierung im Generalvikariat

Kirchliche Strukturen im Umbruch am Beispiel des Bistums Essen

Die Neustrukturierung im Generalvikariat

GRIN - Verlag für akademische Texte

Der GRIN Verlag mit Sitz in München hat sich seit der Gründung im Jahr 1998 auf die Veröffentlichung akademischer Texte spezialisiert.

Die Verlagswebseite www.grin.com ist für Studenten, Hochschullehrer und andere Akademiker die ideale Plattform, ihre Fachtexte, Studienarbeiten, Abschlussarbeiten oder Dissertationen einem breiten Publikum zu präsentieren.

Dokument Nr. V75186 aus dem GRIN Verlagsprogramm

Marcus Schumacher

Kirchliche Strukturen im Umbruch am Beispiel des Bistums Essen

Die Neustrukturierung im Generalvikariat

GRIN Verlag

Bibliografische Information der Deutschen Nationalbibliothek: Die Deutsche Bibliothek
verzeichnet diese Publikation in der Deutschen Nationalbibliografie; detaillierte bibliografische Daten sind im Internet über http://dnb.d-nb.de/ abrufbar.

1. Auflage 2007
Copyright © 2007 GRIN Verlag
http://www.grin.com/
Druck und Bindung: Books on Demand GmbH, Norderstedt Germany
ISBN 978-3-638-79542-5

Wintersemester 2006 / 07

Hauptseminar: Kirchenrecht

Kirchliche Strukturen im Umbruch am Beispiel des Bistums Essen

„Die Neustrukturierung im Generalvikariat"

Marcus Schumacher

Inhaltsverzeichnis

Abbildungsverzeichnis

1 Einleitung

In Zeiten rückläufiger Kirchenbesucherzahlen, immer geringerer Einnahmen durch die Kirchensteuer und einem spürbaren Priestermangel muss die katholische Kirche auf die Zeichen der Zeit reagieren. Da die katholische Kirche wirtschaftlich wie ein Unternehmen handeln, denken und rechnen muss, kommt auch sie nicht umher, Einsparungen vorzunehmen, Mittel zu kürzen oder gar ganz zu streichen, Einrichtungen zu schließen, Strukturen neu zu überdenken und selbst Mitarbeiter zu entlassen, damit das wirtschaftliche Überleben und Handeln der katholischen Kirche gesichert bleibt.

Im Bistum Essen wurden im Jahr 2005 die Sparmaßnahmen offiziell bekannt gegeben. Es sollte eine Um- und Neustrukturierung in drei Schritten durchgeführt werden. Den Anfang sollte das Generalvikariat bilden, gefolgt von den Gemeindeverbänden und als letzter Schritt eine Neugliederung der Pfarreien.

In dieser Hausarbeit soll der erste der drei Schritte, die Neustrukturierung im Generalvikariat, dargestellt werden. Im ersten Abschnitt wird kurz aufgezeigt, wie die rechtliche Verankerung einer Bistumsverwaltung im CIC behandelt wird. Den zweiten Abschnitt bildet die Darstellung des Generalvikariates vor der Neustrukturierung. Diesem folgt im dritten Abschnitt die Untersuchung der einzelnen Schritte in der Neustrukturierung, um dann im vierten und letzten Kapitel das Generalvikariat nach der Neustrukturierung vorzustellen.

2 Die gesetzliche Grundlage einer kirchlichen Verwaltung und deren Organe im CIC von 1983

Die Einrichtung einer kirchlichen Verwaltungseinheit für ein Bistum wird im CIC von 1983 vorgeschrieben[1]. Im Codex wird u.a. geregelt, wie die Aufgabenverteilung zwischen Generalvikar und Bischofsvikar definiert ist.

2.1 Die Errichtung einer kirchlichen Verwaltungseinheit

Der Can. 469 beschreibt die Aufgaben, die einer Diözesankurie zukommen. „Die *Diözesankurie besteht aus jenen Einrichtungen und Personen, die dem Bischof bei der Leitung der ganzen Diözese helfen, insbesondere bei der Leitung der pastoralen Tätigkeit, bei der Besorgung der Verwaltung der Diözese sowie der Ausübung der richterlichen Gewalt.*"[2]

In jedem Bistum muss es also eine Verwaltung geben. Der Bischof kann und darf diese Verwaltungsaufgaben nicht einzelnen Personen übertragen oder gar ganz an Bistumsfremde übergeben. Auch hat er dafür zu sorgen, dass die Verteilung der Aufgaben sinnvoll ist und dem Volk Gottes von Nutzen sind. In Can.473 - §1 heißt es „*Der Diözesanbischof muß dafür sorgen, dass alle Angelegenheiten, die zu der Verwaltung der ganzen Diözese gehören, gebührend aufeinander abgestimmt und so geordnet sind, dass sie dem ihm anvertrauten Teil des Gottesvolkes wirklich von nutzen sind.*"[3]

2.2 Die Ernennung und das Amt des Generalvikars

Der Can.475 - §1 schreibt jedem Bischof vor einen Generalvikar zu ernennen, der ihm bei der Leitung der Diözese zur Seite steht. „*In jeder Diözese ist vom Diözesanbischof ein Generalvikar zu ernennen, der nach Maßgabe der folgenden Canones mit ordentlicher Gewalt ausgestattet, ihm bei der Leitung der ganzen Diözese zur Seite steht.*"[4]

---

[1] Vgl. Can.469ff, Codex des kanonischen Rechtes, Verlag Butzon und Becker, Kevelaer, S. 213.
[2] Ebenda Can469, S. 213.
[3] Ebenda Can474 - §1, S. 215.
[4] Ebenda Can475 - $1, S. 215.

In der Regel ist nur ein Generalvikar zu ernennen, es sei denn die Größe der Diözese macht die Ernennung eines zweiten nötig.[5]

Der Can479 - §1 gibt dem Generalvikar die gleiche ausführende Gewalt bei der Verwaltung der Diözese wie dem Diözesanbischof. *„Dem Generalvikar kommt kraft Amtes in der ganzen Diözese die ausführende Gewalt zu, die der Diözesanbischof von Rechts wegen hat, um alle Verwaltungsakte erlassen zu können, jene aber ausgenommen, die sich der Bischof selbst vorbehalten hat oder die von Rechts wegen ein Spezialmandat des Bischofs erfordern."*[6]

2.3   Die Ernennung und das Amt eines Bischofsvikars

Anders als das Amt des Generalvikars, das vom CIC für die Verwaltung einer Diözese verlangt wird, ist es mit dem Amt des Bischofsvikars. Der Diözesanbischof kann einen oder mehrere Bischofsvikare ernennen, ist aber nicht dazu verpflichtet. Im Can.476 heißt es *„Wann immer die rechte Leitung einer Diözese es erfordert, kann der Diözesanbischof auch einen oder mehrere Bischofsvikare einsetzen [...]."*[7]

Die Aufgaben des Bischofsvikars unterscheiden sich von den Aufgaben des Generalvikars deutlich. Das ist vor allem für das Essener Generalvikariat für die Struktur nach der Neustrukturierung wichtig, wie sich später noch zeigen wird. Das Aufgabengebiet des Bischofsvikars unterscheidet sich von denen des Generalvikars in der Hinsicht, dass er für einen „*[...] genau festgelegten Gebietsteil der Diözese, in einem näher umschriebenen Geschäftsbereich oder für die Gläubigen eines bestimmten Ritus oder eines bestimmten Personenkreises [...]*"[8] dieselbe ordentliche Gewalt hat, die auch dem Generalvikar zukommt.

Während also der Generalvikar für die gesamte Verwaltung der Diözese zuständig ist, ist der Bischofsvikar nur für einen vorher vom Diözesanbischof genau festgelegten Teil zuständig.

---

[5] Vgl. Can.469ff, Codex des kanonischen Rechtes, Verlag Butzon und Becker, Kevelaer, S. 213.
[6] Ebenda Can.479, S. 217.
[7] Ebenda Can.476, S. 215.
[8] Ebenda Can.476, S. 215 und Can.479 - §1, S. 217.

3 Die Struktur des Essener Generalvikariates vor der Neustrukturierung

Bis zum Ende des Jahre 2005 bestand das Essener Generalvikariat aus vier Zentralabteilungen und neun Dezernaten mit entsprechend verschiedenen Abteilungen. Die Zahl der Mitarbeiter betrug am 01. Januar 2005 438 Personen. Das entsprach einem Beschäftigungsumfang von 367,74 BU und am 01. Januar 2006 357 Personen, das entsprach einem Beschäftigungsumfang von 294 BU.[9]

3.1 Das Organigramm des Essener Generalvikariates vor der Neustrukturierung

Die Bereiche bischöfliches Offizialat, bischöfliches Priesterseminar und Kardinal-Hengsbach Haus waren dem Bischof direkt unterstellt, während die Zentralabteilungen I bis IV, Recht, Kirchenrecht, Information und Revision, dem Generalvikar direkt unterstellt waren und keine Unterabteilungen hatten. Wie sich die anderen neun Dezernate aufteilten, zeigt das Organigramm unten sehr deutlich.

Die Dezernate 2 (Caritas) sowie 5 (gesellschaftliche und weltkirchliche Aufgaben) gehörten zwar zu den Strukturen des Generalvikariates waren aber nicht dem Generalvikar unterstellt, sondern jeweils einem der beiden Bischofsvikaren.

---

[9] Laut Interview mit Frau Tiggelbeck am 04.01.2007 im Essener Generalvikariat.

Abbildung 1 : Das Organigramm vor der Neustrukturierung

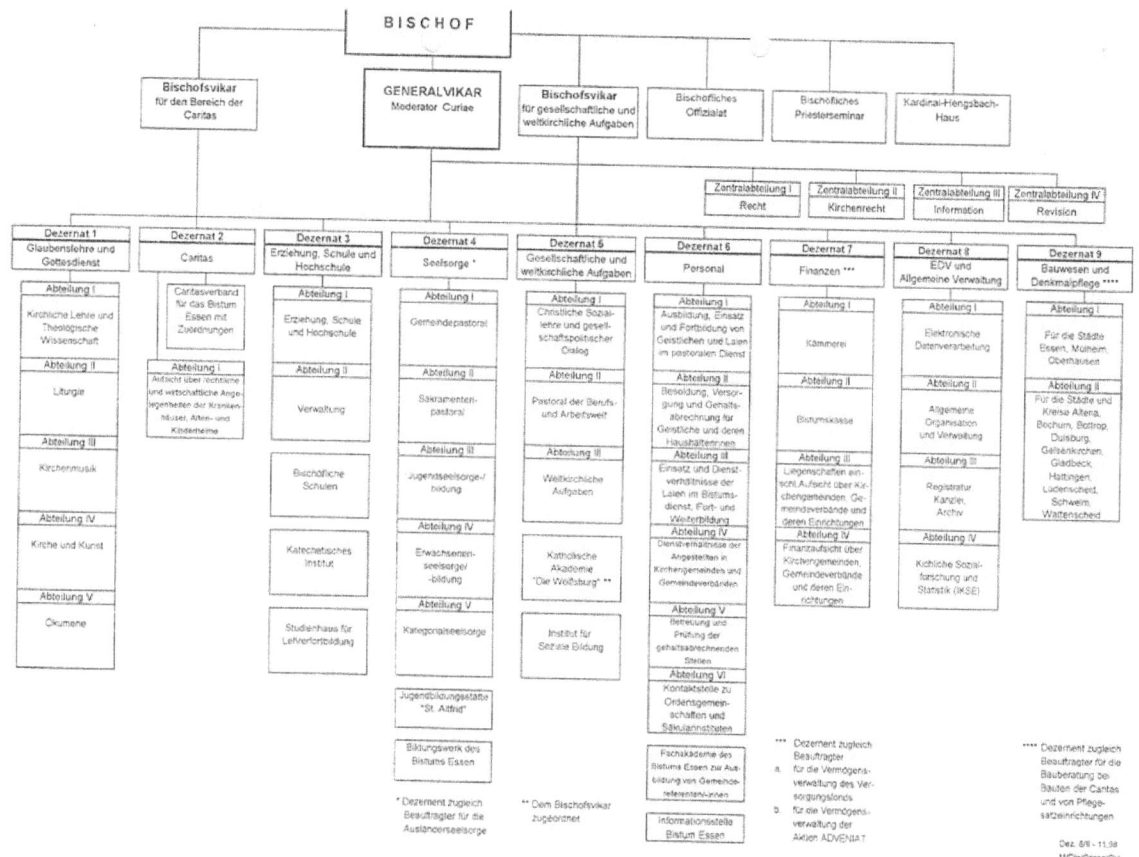

Quelle: Archiv, Bistum Essen.

4   Die Neustrukturierung

Die prekäre Haushaltslage des Bistums Essen machte es nötig, Einsparungen vorzunehmen. In einem offenen Brief an alle Mitarbeiter des Bistums Essen kündigte der Generalvikar die Sparmaßnahmen und den Beginn der Neustrukturierungen an. *„Zu Beginn eines umfassenden Beratungsprozesses zur Sicherung der pastoralen und wirtschaftlichen Handlungsfähigkeit unseres Bistums hatte der Bischof das Ziel gesetzt, das Volumen unseres Haushaltes in den nächsten Jahren dauerhaft um 70 Million Euro zu senken.“*[10]

Auf dem Priester- und Diakonentag des Bistums Essen, beschrieb der Bischof Dr. Felix Genn genau, wie die Neustrukturierung des Generalvikariates aussehen soll. *„Es wird nicht mehr 9, sondern nur noch 4 Dezernate geben [Kirchengemeinden, Pastoral und Schule, Personal, Finanzen und Bischöfliche Liegenschaften]. Ferner gibt es die Arbeitsbereiche Recht, Kirchenrecht, Kommunikation und zentrale Dienste. Sie sind unmittelbar dem Generalvikar zugeordnet [...]. Diese neue Struktur des Generalvikariates wird lediglich mit etwa der Hälfte der bisherigen Beschäftigungsumfänge ausgestattet sein.“*[11]

In dem neuen Organigramm des Bistums Essen zeigt sich, dass gegenüber den Ankündigungen des Bischofs noch einige Überarbeitungen durchgeführt wurden.

4.1   Der Haushaltsplan für das Jahr 2006

Für das Jahr 2006 wurde - wie dies jedes Jahr erfolgt - ein Haushaltsplan entworfen, auf dem die Einsparungen für das jeweilige Jahr abzulesen sind.

---

[10] Brief des Generalvikars an alle Mitarbeiter und Mitarbeiterinnen vom 10.01.2005, Interview mit Herrn Dominik Kitta OPraem.
[11] Wort des Bischofs am Priester und Diakonentag http://www.bistum-essen.de/index.php?id=516&page=7.

Abbildung 2: Haushaltsplan 2006

Geplante Ausgabenreduzierungen

Posten	Budget alt in Mio. €	Ein- sparungen in Mio. €	Budget neu in Mio. €	Veränderung in %
Zuweisungen Kirchengemeinden	29,5	16	13,5	54,24%
Gemeindeverband, Stadtsekr., etc.*	9,6	6,1	3,5	63,50%
Einrichtungen	13,4	6,5	5,9	52,42%
Generalvikariat	10,7	5,7	5	53,27%
Pastorales Personal	31,6	3,7	27,9	11,71%
Kindergärten	20,9	5	15,9	23,92%
Zuweisungen Caritas	13,0	5,0	8,0	38,5%
Zuweisungen Vereine Verbände	4,1	3,1	1	75,61%
Immobilien (kalkulatorisch)**	20	8	12	40,00%
Summe / Durchschnitt	152,8	59,1***	92,7	38,7%

* Die Position impliziert 3 Mio. Euro für die Stadtsekretariate, Ehe-, Familien- und Lebensberatung und ist nicht endgültig analysiert.
** Tatsächliche Ausgaben in 2004: 8 Mio. Euro.
*** Zusätzliche Potenziale: 4 Mio. Sachkosten, 5 Mio. Tarifanpas- sung, Erhöhung Einnahmen: 2 Mio. Euro.

Quelle: Haushaltsplan für das Bistum Essen, http://www.bistum-essen.de/haushalt.html.

In der vierten Spalte findet sich das Budget des Generalvikariates. Betrug es vorher noch 10,7 Millionen Euro, so wurde es für 2006 um 50 Prozent auf fünf Millionen Euro gekürzt.

Wie der Bischof in seinem Wort beim Priester- und Diakonentag mitteilte, wird es eine neue Struktur des Generalvikariates geben, verbunden mit Kürzungen und Streichungen der Beschäftigungsumfängen.

Dieses Konzept wurde den Mitarbeitern des Generalvikariates bei einer Mitarbeiterversammlung am 14. und 15. November 2005 vorgestellt.

5 Die Durchführung der Neustrukturierung

Die Strukturen des Generalvikariates wurden nach einer *„[…] eingehenden Prüfung durch zuständige Mitarbeiter aus dem Generalvikariat und dem Bistum, durch die BPG Unternehmensberatungsgesellschaft mbH und einer externen Beratung aus dem Wirtschaftsbereich […]"*[12] neu überarbeitet. Das Ziel dieser Überarbeitung war, dass ab dem ersten Januar 2006 ein neuer Stellenplan in Kraft treten sollte, *„[…] der insgesamt noch ca. 250 Beschäftigungsumfänge bzw. Vollstellen enthalten wird. Dies bedeutet gegenüber den zu Beginn des Prozesses vorhandenen 380 (Stand 31.Dezember 2003) einen notwendigen Abbau von 130 Beschäftigungsumfängen."*[13]

5.1 Die neuen Strukturen und das neue Organigramm des Essener Generalvikariates

Anders als in seinem Wort zum Priester und Diakonentag, wurde das Generalvikariat nicht von neun auf vier Dezernate gekürzt, sondern es wurden fünf neue Dezernate geschaffen. Zum 31. Dezember 2005 wurden alle Dezernate aufgelöst und zum 01. Januar 2006 trat die neue Struktur und das neue Organigramm in Kraft.

5.1.1 Der neue Zentralbereich des Bischofs und die Planstellen

Alle neun Dezernate wurden aufgelöst und der gesamte Verwaltungsapparat neu strukturiert. Seit dem 01. Januar 2006 gibt es nur noch fünf Dezernate. Aus dem alten Dezernat 1, Glaubenslehre und Gottesdienst, wurde die Zentralabteilung Glaubenslehre, Liturgie und Ökumene. Diese wurde dem Bischof direkt zugeordnet *„[…] da es sich bei ihnen um dem bischöflichen Amt unmittelbar verbundene Bereiche handelt."*[14] Der Beschäftigungsumfang beträgt hier insgesamt 8,50 BU, wobei 1 BU auf den Bischof entfallen, 0,5 BU auf den Leiter der Zentralabteilung, 3,5 BU auf Referenten, 2,0 BU auf das Sekretariat, 1 BU auf einen Fahrer und 0,5 BU auf einen Mitarbeiter in der Hauswirtschaft.[15]

---

[12] Brief des Essener Generalvikars an alle Mitarbeiter vom 10.Januar 2005, S. 2.
[13] Präambel im Gesamtsozialplan für das Bischöfliche Generalvikariat und die Einrichtungen, http://www.bistum-essen.de/index.php?id=516&page=4.
[14] Genn ,Dr. Felix, Wort zum Priester- und Diakonentag http://www.bistum-essen.de/index.php?id=516&page=7, S. 3.
[15] Vgl. Handout zur Mitarbeiterversammlung am 14. und 15.11. 2005, S. 5.

5.1.2 Die neuen Zentralbereiche der Bischofsvikare und die Planstellen

Das vormalige Dezernat 2 (Caritas) wurde ebenfalls ausgegliedert und als Zentralabteilung „Caritative Einrichtungen", dem Bischofsvikar für die Caritas direkt unterstellt. Der BU für den Zentralbereich Caritas beträgt hier insgesamt 7,3 BU: 1 BU für den Bischofsvikar, 0,8 BU für den Leiter der Zentralabteilung, 3 BU für Referenten, 1,5 BU für das Sekretariat und 1 BU für einen Fahrer.[16] Ebenso wurde das ehemalige Dezernat 6 (gesellschaftliche und weltkirchliche Aufgaben) als Zentralabteilung dem Bischofsvikar für gesellschaftliche und weltkirchliche Aufgaben unterstellt. Der BU hier beträgt 8 BU: 1 BU für den Bischofsvikar, 0,5 BU für den Leiter der Zentralabteilung, 4,5 BU für Referenten und 2 BU für das Sekretariat.[17] Mit dem Ausgliedern und der Neuschaffung dieser beiden Zentralabteilungen bezog sich der Bischof auf die Stelle im Can.476 und 479 §1, wo es heißt, dass der Bischof einen Bischofsvikar „*[...] in einem näher umschriebenen Geschäftsbereich [...]*"[18] einsetzen kann.

5.1.3 Die Planstellen für den Generalvikar

Für den Generalvikar fallen insgesamt 4,5 BU an, davon 1 BU für den Generalvikar, 2 BU für Referenten und 1,5 BU für das Sekretariat.[19]

5.1.4 Die Zentralabteilungen und deren Planstellen

Die alten vier Zentralabteilungen I bis IV (Recht, Kirchenrecht, Information und Revision) waren dem Generalvikar direkt unterstellt. Die zwei Abteilungen Recht und Kirchenrecht blieben bestehen, die anderen beiden wurden neu aufgeteilt.

Zu den schon bestehenden Zentralabteilungen Recht und Kirchenrecht, kamen die Abteilungen Kommunikation, mit der alten Zentralabteilung Information, die neu geschaffene Zentralabteilung zentrale Dienste, die aus dem alten Dezernat 8, EDV und allgemeine Verwaltung, neu geschaffene Zentralabteilung IT- Koordination. Die ehemalige Abteilung III (Registratur, Kanzlei und Archiv) im alten Dezernat 8, EDV

---

[16] Vgl. ebenda, S. 7.
[17] Vgl. ebenda, S. 6.
[18] Can.476 und 479 §1, Codex des kanonischen Rechtes, Verlag Butzon und Becker, Kevelaer, S. 217.
[19] Vgl. Handout zur Mitarbeiterversammlung am 14. und 15.11. 2005, S. 8.

und allgemeine Verwaltung, wurde ebenfalls zu einer Zentralabteilung. So wurden sechs Zentralabteilungen geschaffen. Insgesamt beträgt hier der BU 28,9 BU.[20]

5.1.5 Die neuen Dezernate und ihr Stellenplan

Alle Dezernate wurden aufgelöst und, wenn sie nicht als Zentralabteilungen ausgegliedert wurden, neu organisiert.

So wurde das Dezernat 1 (Pastoral) geschaffen. Dazu gehören die Kategorialseelsorge (z.B. Polizei oder Feuerwehrseelsorge) und die Projektentwicklung. Das Dezernat ist in zwei Abteilungen aufgeteilt, Abteilung I „Gemeinde und Lebensraum" (z.B.: KFD) und die Abteilung II „Kinder und Jugend" (z.B. Jugendsozialarbeit). Insgesamt steht diesem Dezernat ein BU von 18 BU zur Verfügung.[21]

Das neu gegründete Dezernat II „Schule und Hochschule" ist mit 4,5 BU veranschlagt.[22]

Im Rahmen der anstehenden Neustrukturierungen auf Pfarrebene wurde im Generalvikariat ein eigens dafür zuständiges Dezernat III geschaffen, das Dezernat Kirchengemeinden. Hier findet sich unter anderem auch das Koordinierungsbüro für die neuen Pfarreien. Aber auch für Bauangelegenheiten und Liegenschaften ist dieses Dezernat zuständig. Die Planstellen betragen hier 14 BU, zuzüglich 2,5 BU überplanmäßig sind.[23]

Das neue Dezernat 4 (Personal) gab es auch schon im alten Organigramm. Allerdings ist es in der neuen Struktur aufgeteilt in 4.1 Personal/Pastoral mit 4 BU und in 4.2 Personal/Verwaltung, mit den Abteilungen I Personalverwaltung Personal/Verwaltung und Abteilung II Personalverwaltung Schulen. Hier sind 16 BU vorgesehen.[24]

Das fünfte und letzte der neue Dezernate bildet das Dezernat Finanzen und Bischöfliche Liegenschaften, mit den Abteilungen: I Kämmerei, II Bauangelegenheiten und III Finanzbuchhaltung. Insgesamt kommt es in diesem Dezernat zu 16,5 BU.[25]

---

[20] Vgl. ebenda, S. 25.
[21] Vgl. ebenda, S. 9.
[22] Vgl. ebenda, S. 10.
[23] Vgl. Handout zur Mitarbeiterversammlung am 14. und 15.11. 2005, S. 11.
[24] Vgl. ebenda, S. 12.
[25] Vgl. ebenda ,S. 13.

5.1.6 Weitere Einrichtungen

Zu den weiteren Einrichtungen, die im BU dem Generalvikariat zugerechnet werden, sind das Priesterseminar mit 8,65 BU, das Kardinal-Hengsbach-Haus mit 20,97 BU, die katholische Akademie „Die Wolfsburg" mit 33,32 BU, die Jugendbildungsstätte St. Altfried mit 17,44 BU und das Medienforum des Bistums Essens mit 7 BU.[26].

Auch gehören weitere Einheiten zum Stellenplan des Generalvikariates, wie z.B. eine Zentralgärtnerei, das katholische Hochschulzentrum oder auch die Stelle für den Altbischof Luthe. Insgesamt machen diese weiteren Einrichtungen 108,75 BU aus.[27]

5.1.7 Das neue Organigramm

Mit dem Start der Neustrukturierung am 01. Januar 2006 wurde ein neues Organigramm entworfen, das ebenfalls auf der Mitarbeiterversammlung vorgestellt wurde.

---

[26] Vgl. ebenda, S. 26.
[27] Vgl. ebenda, S. 27.

Abbildung 3: Das Organigramm des Essener Generalvikariates ab 01.01.2006:

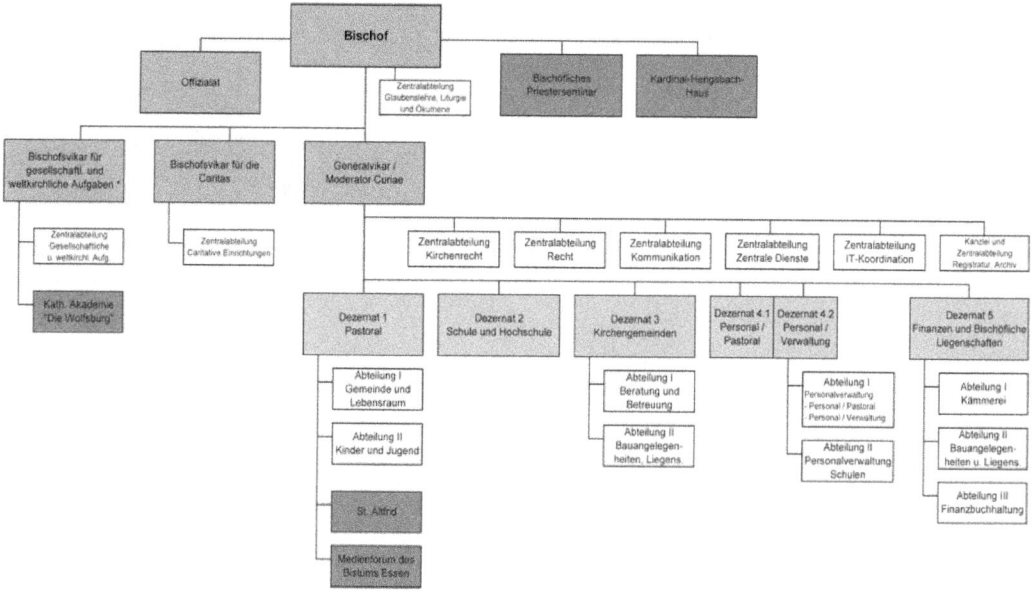

Quelle: Organigramm des Essener Generalvikariates: http://www.bistum-essen.de/generalvikariat.html?&tx_jppageteaser_pi1[backId]=143.

5.2 Der neue Stellenplan gesamt

Werden alle Planstellen zusammengefasst, erreichen Generalvikar und Bischof das Ziel, das durch die Neustrukturierung erreicht werden soll, nämlich ein BU von 243,95 BU. Dazu kommen 19,44 BU, die refinanziert sind und 9,5 BU, die überplanmäßig sind.[28]

Dieser neue Stellenplan wurden den Mitarbeitern des Generalvikariates in einer Mitgliederversammlung am 14. und 15. November 2005 vorgestellt. Jeder Mitarbeiter musste sich auf die jeweiligen Stellen neu bewerben.

5.3 Die Sozialauswahlkriterien

Der Stand der BU am 31. Dezember 2003 betrug 380 BU. Das Ziel, das bei der Mitarbeiterversammlung bekannt wurde, war ein BU von ca. 252,5 BU. Am 01. Januar 2005 betrug der BU 367,74 BU und am 01. Januar 2006 (dem offiziellen Beginn der Neustrukturierung) 294 BU, das entsprach ca. 294 Personen.[29]

---

[28] Vgl. Handout zur Mitarbeiterversammlung am 14. und 15.11. 2005, S. 28.
[29] Vgl. Persönliches Gespräch mit Frau Tiggelbeck am 04.01.2007.

Dadurch, dass einige Stellen gestrichen wurden und sich die Mitarbeiter alle auf die neu geschaffenen Stellen bewerben mussten, wurde ein Verfahren entwickelt, um eine gerechte Auswahl zu treffen. Dieses Verfahren wurde den Mitarbeitern ebenfalls bei der Mitgliederversammlung vorgestellt, so dass im Vorfeld jeder einzelne Mitarbeite abwägen konnte, wie seine Chancen standen, im neu strukturierten Generalvikariat weiter beschäftigt zu werden.

Diese Auswahlkriterien wurden nach einem Punktesystem eingeteilt. Pro Lebensjahr ab dem vollendeten 17. Lebensjahr gab es einen Punkt. Für jedes volle Beschäftigungsjahr vier Punkte. Bei Unterhaltspflichten gegenüber Ehepartner acht Punkte, nach Scheidung ebenfalls acht Punkte, für jedes kindergeldberechtigte Kind zwölf Punkte und gegenüber unterhaltsberechtigten Elternteilen sechs Punkte. Bei anerkannter Behinderung stiegen die Punkte bei einer Behinderung ab 30 Prozent. Bei 30 Prozent gab es null Punkte. Ab 40 Prozent gab es bei jedem zehner Schritt in den Prozenten zwei Punkte. Bei 50 Prozent gab es fünf Punkte, bei 70 Prozent neun Punkte und bei 90 Prozent dreizehn Punkte. [30]

5.3.2 Die Datenermittlung

„Zur Ermittlung der Daten im Rahmen der durchzuführenden Sozialauswahl werden die Mitarbeiterinnen und Mitarbeiter in einem gesonderten Schreiben um folgende Selbstauskunft gebeten:

- *Grad der Schwerbehinderung*
- *Lebensstand*
- *Unterhaltsverpflichtung nach Scheidung*
- *Anzahl der unterhaltsberechtigten Kinder*
- *Berufstätigkeit des Ehemanns /der Ehefrau*
- *Monatliches Einkommen des Ehemanns / der Ehefrau aus der Berufstätigkeit oder aus Alterseinkünften*
- *Unterhaltsverpflichtung gegenüber Elternteilen*
- *Besondere familiäre oder soziale Situationen, die im Rahmen der Sozialauswahlkriterien berücksichtigt werden müssen"* [31]

---

[30] Vgl. Handout zur Mitarbeiterversammlung am 14. und 15.11. 2005, S. 30.
[31] Handout zur Mitarbeiterversammlung am 14. und 15.11. 2005, S. 31.

Jeder Mitarbeiter musste sich zum 01. Januar 2006 auf die neu strukturierten Stellen bewerben. Zu den Bewerbungsunterlagen mussten die Mitarbeiter die Selbstauskunft beifügen. Durch die Sozialauswahlkriterien konnte aber jeder Mitarbeiter seine Chancen auf Weiterbeschäftigung einschätzen und sich gegebenenfalls nach einer anderen Beschäftigungsmöglichkeit umschauen.[32]

6 Inanspruchnahmen der Dienstvereinbarungen aus dem Gesamtsozialplan für das Bischöfliche Generalvikariat und die Einrichtungen

Damit das Ziel einen BU von 252,5 BU zu erreichen, kam man nicht drum herum, Stellen zu streichen. Das Generalvikariat wollte aber auf betriebsbedingte Kündigungen verzichten und es kam zum Entwurf eines Gesamtsozialplans für das Bischöfliche Generalvikariat.

6.1 Vereinbarung über Anreize für in den Vorruhestand zu treten

Für alle Mitarbeiter, die bis zum Ende des Jahres 2006 das Renteneintrittsalter erreichten, gab es bei vorzeitigem Ausscheiden einen Anspruch auf eine Abfindung. *„Der Bruttobetrag der Abfindung ergibt sich aus der Multiplikation der tatsächlich eintretenden Minderung in der gesetzlichen Rente und der Zusatzversorgung in Höhe von 0,3 v. H. je Monat, die die Mitarbeiterin oder der Mitarbeiter durch den Eintritt in die Rente vor regulärem Eintritt der für sie maßgeblichen Rentenart erfahren (§ 77 Abs. 2 SGB VI), mit der Statistischen Lebenserwartung der Mitarbeiterin und oder des Mitarbeiters im Zeitpunkt des tatsächlichen Renteneintritts.. Zusätzlich zu der Abfindung erhalten vollzeitbeschäftigte Mitarbeiterinnen und Mitarbeiter eine Abfindung in Höhe von 250,00 Euro für jeden Monat, den sie vor Erreichen des 65. Lebensjahres aus dem Arbeitsverhältnis ausscheiden."*[33] Diese Vereinbarung konnte mit 26 Personen geschlossen werden, das entspricht einem BU von 22,81 BU.[34]

---

[32] Vgl. Persönliches Gespräch mit Frau Tiggelbeck am 04.01.2007.

[33] Gesamtsozialplan für das Bischöfliche Generalvikariat und die Einrichtungen, S. 2, http://www.bistum-essen.de/index.php?id=516&page=4.

[34] persönliches Gespräch mit Frau Tiggelbeck am 04.01.2007.

6.2 Vereinbarungen über einen besonderen Anreiz zum freiwilligen Ausscheiden bis einschließlich Dezember

„Mitarbeiterinnen und Mitarbeiter, die im Zeitraum September bis Dezember 2005 einen Aufhebungsvertrag mit dem Bistum vereinbaren, erhalten eine zusätzliche Abfindung. Die zusätzliche Abfindung beträgt bei Abschluss der Aufhebungsvereinbarung

* im September, Oktober oder November 2005	*15.000,--€*
* im Dezember 2005	*10.000,--€"*[35]

Mit 51 Personen kam es hier zu einem Abschluss, das entspricht einem BU von 40,72 BU. Von diesen 51 Personen wechselten 25 Personen (18,8 BU) in die Transfergesellschaft PEAG.[36]

6.2.1 Die Transfergesellschaft PEAG

„Die PEAG Personalentwicklungs- und Arbeitsmarktagentur GmbH ist eine Transfergesellschaft, die Arbeitnehmer und Arbeitgeber durch strukturell bedingte Anpassungsmaßnahmen begleitet. Wir unterstützen Unternehmen bei der sozialverträglichen und verantwortungsvollen Durchführung von Stellenabbau und helfen Arbeitnehmern, neue Arbeit zu finden .Wir verfolgen keine Gewinnerzielungsabsichten. Unser Ziel ist die Vermittlung der von Arbeitslosigkeit bedrohten Arbeitnehmer aus laufender Beschäftigung heraus in ein dauerhaftes neues Arbeitsverhältnis."[37] Das Angebot in die PEAG zu wechseln, galt für alle Mitarbeiter, die bis zum 30. April 2006 einem Aufhebungsvertrag zustimmten und einem für 12 Monate befristeten Arbeitsvertrag zustimmten. Vor dem Eintritt in die PEAG wurden Maßnahmen zur Feststellung der Leistungsfähigkeit, der Arbeitsmarktchancen und des Qualifizierungsbedarfs durchgeführt. Während der Anstellung bei der PEAG wurden folgende Maßnahmen durchgeführt:

- allgemeine Beratung und Qualifizierung
- allgemeine Grundqualifizierung

---

[35] Gesamtsozialplan für das Bischöfliche Generalvikariat und die Einrichtungen, S. 4, http://www.bistum-essen.de/index.php?id=516&page=4.
[36] Vgl. Persönliches Gespräch mit Frau Tiggelbeck am 04.01.2007.
[37] Die PEAG-Transfergesellschaft http://www.peag-transfer.de/index.php?url=showartikel.php&art=157&kat=24&pos=1.

- zielgerichtete Qualifizierung im Hinblick auf spätere Einsatzmöglichkeiten
- Suche nach Einsatz oder Vermittlungsmöglichkeiten auf dem Arbeitsmarkt, ggf. gemeinsam mit der Arbeitsverwaltung
- Nach Zustimmung des Mitarbeiters Durchführung von Arbeitnehmertätigkeiten gemäß dem Arbeitnehmerüberlassungsgesetz zur Erprobung und Vermittlung zu anderen Arbeitgebern
- Unterstützung des Aufbaus einer eigenständigen Existenz

Während der Anstellung bei der PEAG erhalten die Mitarbeiter monatlich 80 Prozent ihrer bisherigen Nettovergütung beim Bistum ausgezahlt. Diese monatlichen Gehälter bezahlt die PEAG im Namen des Bistums aus.[38]

Alle Mitarbeiter, die aus einer Anstellung beim Generalvikariat ausschieden, werden bei Stellenausschreibungen bevorzugt. *„Soweit beim Dienstgeber freie Stellen zu besetzen sind, haben Mitarbeiterinnen und Mitarbeiter, die im Zusammenhang mit den in der Präambel dargestellten Maßnahmen aus betriebsbedingten Gründen und auf Veranlassung des Dienstgebers im gegenseitigen Einvernehmen oder aufgrund einer dienstgeberseitigen Kündigung aus dem Arbeitsverhältnis ausgeschieden sind, bei Eignung für den Arbeitsplatz und gleicher Qualifikation gegenüber anderen Bewerberinnen und Bewerbern einen Anspruch auf vorrangige Berücksichtigung. Voraussetzung hierfür sind die öffentliche Ausschreibung der Stelle [...].“[39]*

6.3 Vereinbarungen über einen Anreiz zur Altersteilzeit

Mitarbeiter, die am 31. Dezember 2006 die Bestimmungen des § 1 Abs. 1 oder Abs. 2 der Anlage 22 KAVO erfüllen, haben einen Anspruch auf Altersteilzeit, wenn ihr Arbeitsverhältnis unkündbar ist. In der Anlage 22 KAVO heißt es

„Bestimmungen über Altersteilzeitarbeit (§ 46a KAVO) §1 Voraussetzungen der Altersteilzeitarbeit (1) Der Dienstgeber kann mit Mitarbeitern, die

a) das 55. Lebensjahr vollendet haben,

b) eine Beschäftigungszeit (§ 18 KAVO) von fünf Jahren vollendet haben und

---

[38] Vgl. Gesamtsozialplan für das Bischöfliche Generalvikariat und die Einrichtungen, S. 9, http://www.bistum-essen.de/index.php?id=516&page=4.
[39] Gesamtsozialplan für das Bischöfliche Generalvikariat und die Einrichtungen, S. 11, http://www.bistum-essen.de/index.php?id=516&page=4.

c) innerhalb der letzten fünf Jahre vor Beginn der Altersteilzeitarbeit mindestens 1.080 Kalendertage in einer versicherungspflichtigen Beschäftigung nach dem Dritten Buch Sozalgesetzbuch gestanden haben, die Änderung des Arbeitsverhältnisses in ein Altersteilzeitarbeitsverhältnis auf der Grundlage des Altersteilzeitgesetzes vereinbaren; das Altersteilzeitarbeitsverhältnis muss ein versicherungspflichtiges Beschäftigungsverhältnis im Sinne des Dritten Buches Sozialgesetzbuch sein.

(2) Mitarbeiter, die das 60. Lebensjahr vollendet haben und die übrigen Voraussetzungen des Absatzes 1 erfüllen, haben Anspruch auf Vereinbarung eines Altersteilzeitarbeitsverhältnisses. Der Mitarbeiter hat den Dienstgeber drei Monate vor dem geplanten Beginn des Altersteilzeitarbeitsverhältnisses über die Geltendmachung des Anspruchs zu informieren; von dem Fristerfordernis kann einvernehmlich abgewichen werden."[40] Dieses Angebot nahmen 37 Personen in Anspruch.[41]

6.4 Weitere Betriebswechsel und betriebsbedingte Kündigungen

Insgesamt konnten mit 114 Personen Vereinbarungen über ein Ausscheiden geschlossen werden. Die restlichen sechs Personen, die noch fehlten, um das Ziel zu erreichen, sind durch andere Möglichkeiten aus dem Generalvikariat ausgeschieden. Bei einer Person kam es zu einer betriebsbedingten Kündigung, da die Mitarbeiterin gegen die Kündigung klagte. Zur Zeit der Erstellung dieser Hausarbeit war es noch ein offenes Verfahren und genauere Informationen zu dem Fall konnten nicht in Erfahrung gebracht werden.[42]

---

[40] Gesamtsozialplan für das Bischöfliche Generalvikariat und die Einrichtungen, S. 3, http://www.bistum-essen.de/index.php?id=516&page=4.
[41] Vgl. Persönliches Gespräch mit Frau Tiggelbeck am 04.01.2007.
[42] Vgl. Persönliches Gespräch mit Frau Tiggelbeck am 04.01.2007.

7 Fazit

Das Bistum Essen versucht durch Neustrukturierungen im Generalvikariat, durch Zusammenlegungen von Gemeinden und durch die Auflösung der Gemeindeverbände auf die aktuelle Finanzlage zu reagieren. Das Bistum wollte mit der Neustrukturierung im Generalvikariat den Anfang machen und als gutes Beispiel voran gehen. Dabei war es den Verantwortlichen wichtig, vor allem bei der Reduzierung der Beschäftigungsumfänge, eine sozialverträgliche Lösung zu finden. Der Gesamtsozialplan ist dabei eine sehr gelungene Lösung. Besonders erwähnt sei, dass die Mitarbeiter, die nicht in den Ruhestand gingen, bei einer erneuten Stellenausschreibung bevorzugt behandelt werden.

Der Bischof und der Generalvikar waren sich ihrer Verantwortung gegenüber den Mitarbeitern bewusst und fanden zusammen mit der Mitarbeitervertretung eine gute Lösung. Es bleibt nur zu hoffen, dass das gesteckte Ziel auch erreicht wird und es vielleicht wieder zu Einstellungen der Mitarbeiter kommen wird, die bereit waren, auf eine Anstellung zu verzichten, um das Ziel zu erreichen.

Literaturverzeichnis

Codex des kanonischen Rechtes, Verlag Butzon und Becker, Kevelaer, 1983

Handout zur Mitarbeiterversammlung am 14. und 15.11.2005

Brief des Essener Generalvikars an alle Mitarbeiter vom 10.Januar 2005

Internetseiten:

Gesamtsozialplan für das Bischöfliche Generalvikariat und die Einrichtungen,
Download von URL: http://www.bistum-essen.de/index.php?id=516&page=4, Zugriff
am 10.12.2006

Die PEAG – Transfergesellschaft, Download von URL: http://www.peag-
transfer.de/index.php?url=showartikel.php&art=157&kat=24&pos=1 , Zugriff am
19.12.2006

Genn, Dr. Felix, Wort zum Priester- und Diakonentag, Download von URL:
http://www.bistum-essen.de/index.php?id=516&page=7,Zugriff am 07.12.2006

Haushaltsplan für das Bistum Essen, Download von URL: http://www.bistum-
essen.de/haushalt.html, Zugriff am 10.12.2006

Interviews:

Interview mit Frau Tiggelbeck am 04.01.2007 im Essener Generalvikariat

Interview mit Herrn Dominik Kitta OPraem am 05.12.2006

CPSIA information can be obtained
at www.ICGtesting.com
Printed in the USA
BVHW011758280119
538839BV00019B/1353/P

9 783638 795425